anythink

D1505021

# Ambulancias
## en acción

por Kerry Dinmont

BUMBA BOOKS™ en español

EDICIONES LERNER • MINNEAPOLIS

**Nota para los educadores:**

En todo este libro, usted encontrará preguntas de reflexión crítica. Estas pueden usarse para involucrar a los jóvenes lectores a pensar de forma crítica sobre un tema y a usar el texto y las fotos para ello.

Traducción al español: copyright © 2017 por ediciones Lerner
Título original: *Ambulances on the Go*
Texto: copyright © 2017 por Lerner Publishing Group, Inc.

La traducción al español fue realizada por Annette Granat.

ediciones Lerner
Una división de Lerner Publishing Group, Inc.
241 First Avenue North
Mineápolis, MN 55401, EE. UU.

Si desea averiguar acerca de niveles de lectura y para obtener más información, favor consultar este título en www.lernerbooks.com

**Library of Congress Cataloging-in-Publication Data**

Names: Dinmont, Kerry, 1982– author. | Granat, Annette, translator.
Title: Ambulancias en acción / por Kerry Dinmont ; la traducción al español fue realizada por Annette Granat.
Other titles: Ambulances on the go. Spanish
Description: Minneapolis : Ediciones Lerner, [2017] | Series: Bumba books en español. Máquinas en acción | In Spanish. | Audience: Ages 4–8. | Audience: K to grade 3. | Includes bibliographical references and index.
Identifiers: LCCN 2016027543 (print) | LCCN 2016029782 (ebook) | ISBN 9781512428766 (lb : alk. paper) | ISBN 9781512429671 (pb : alk. paper) | ISBN 9781512429688 (eb pdf)
Subjects: LCSH: Ambulances—Juvenile literature.
Classification: LCC TL235.8 .D5618 2017 (print) | LCC TL235.8 (ebook) | DDC 629.222/34—dc23

LC record available at https://lccn.loc.gov/2016027543

Fabricado en los Estados Unidos de América
1 – VP – 12/31/16

Expand learning beyond the printed book. Download free, complementary educational resources for this book from our website, www.lernerresource.com.

# Tabla de contenido

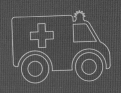

# Ambulancias

Las ambulancias ayudan a

la gente.

Ellas llevan a la gente lastimada

y enferma al hospital.

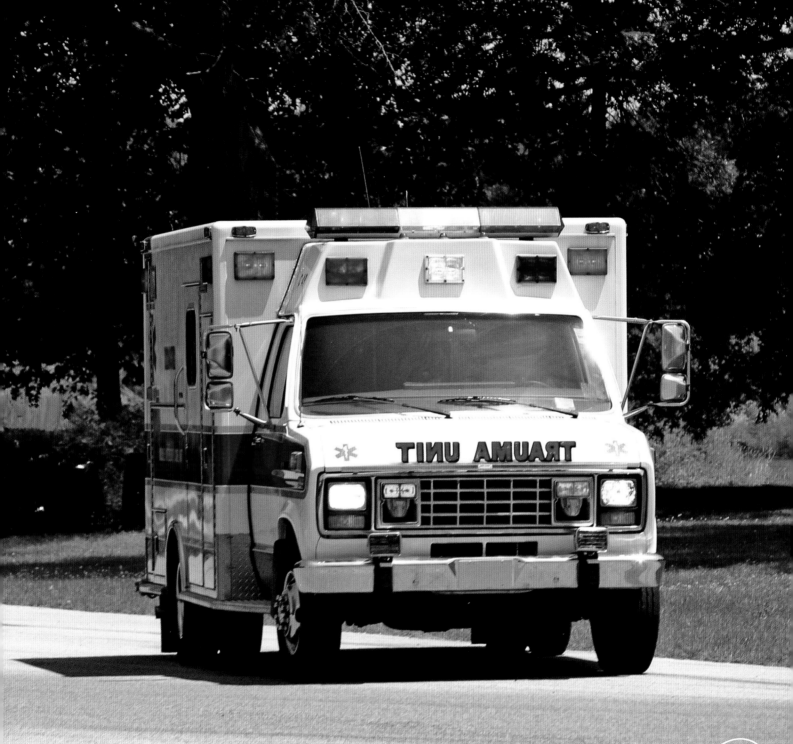

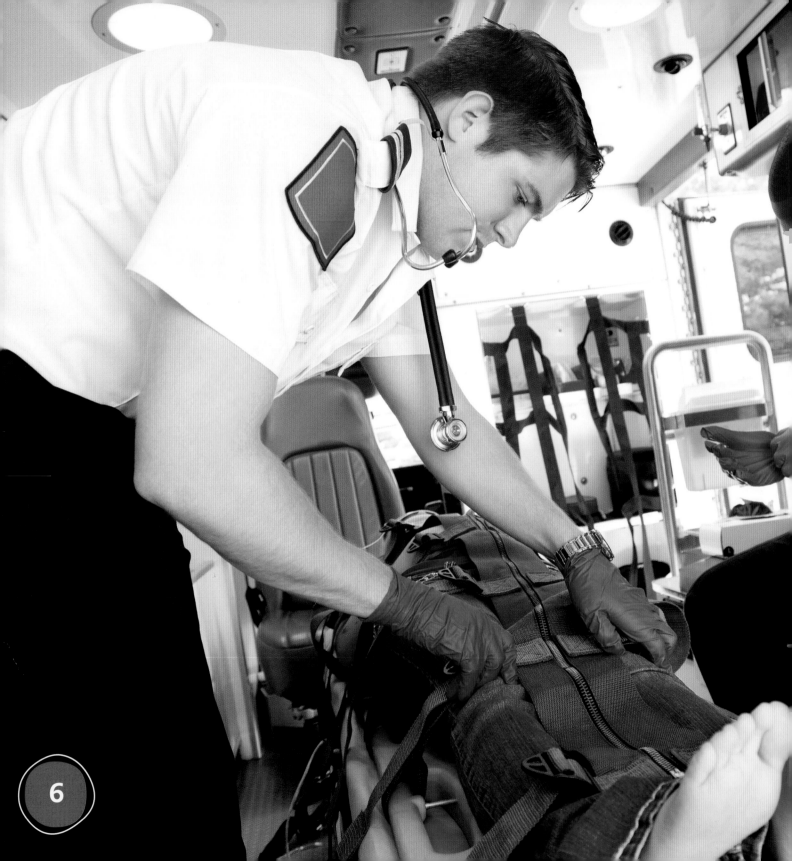

Los técnicos de emergencias médicas trabajan en las ambulancias.

Ellos están entrenados para ayudar a la gente lastimada.

Las sirenas suenan.

Las luces brillan.

La ambulancia anda rápido.

Se apura para buscar a

la persona lastimada.

¿Por qué piensas que las ambulancias tienen sirenas y luces?

Un conductor se sienta delante.
Más técnicos de emergencias
médicas se sientan atrás.
La parte de atrás de la
ambulancia es un cuarto cuadrado.

11

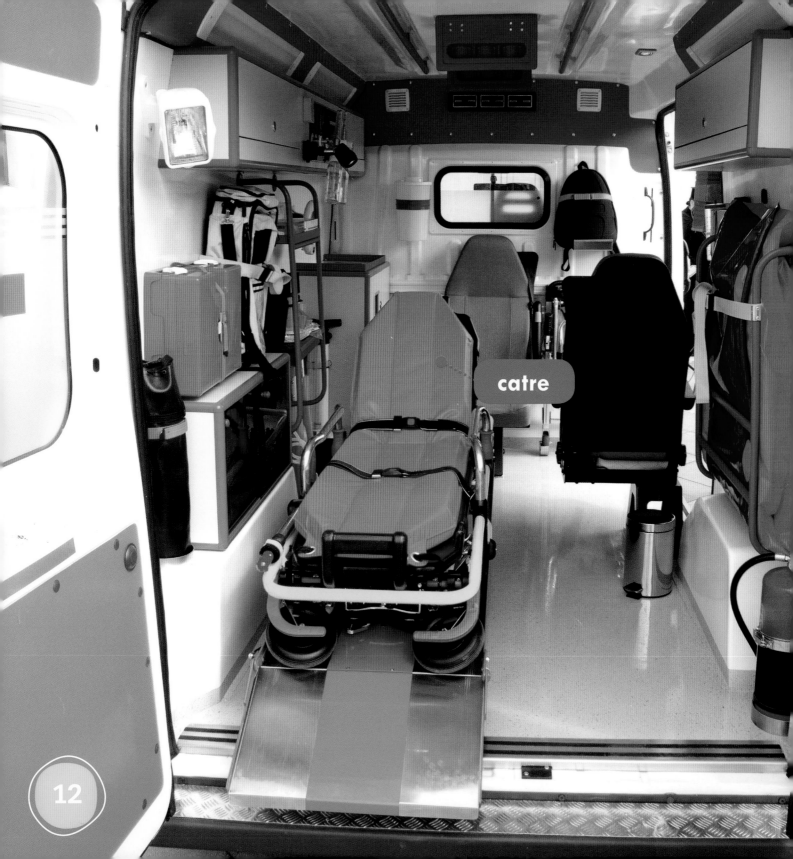

catre

Una ambulancia es ancha.

Tiene espacio para un catre.

¿Por qué piensas que las ambulancias tienen catres?

13

Las ambulancias

contienen

muchas herramientas

y máquinas.

Estas herramientas

ayudan a mantener

viva a la gente muy

lastimada.

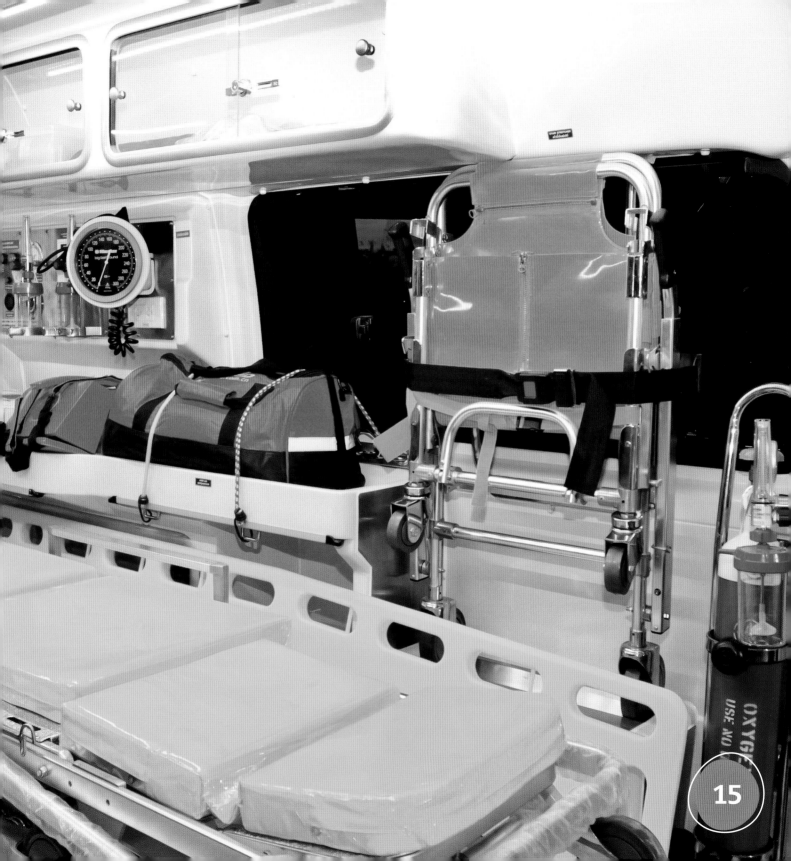

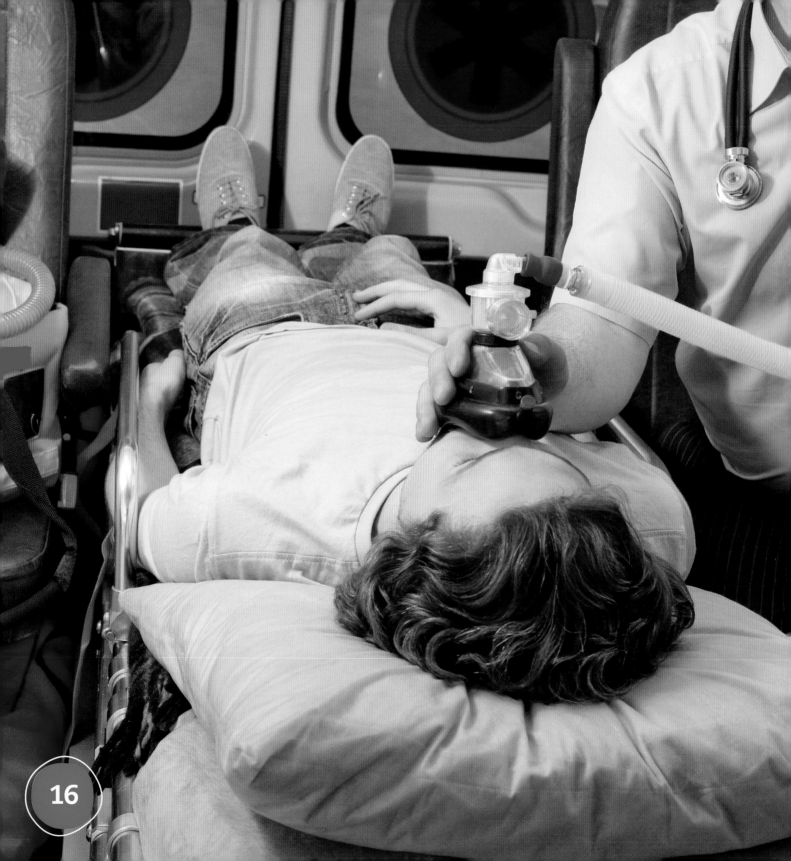

Un paciente está acostado en
la parte de atrás.

Necesita un doctor.

Un técnico de emergencias médicas
le hace sentirse mejor en camino
al hospital.

La ambulancia corre

al hospital.

Otros carros se mueven

cuando ven las luces

y escuchan las sirenas.

¿Por qué deben moverse los carros para las ambulancias?

Las ambulancias ayudan

a salvar vidas.

¿Quieres trabajar en una?

# Partes de una ambulancia

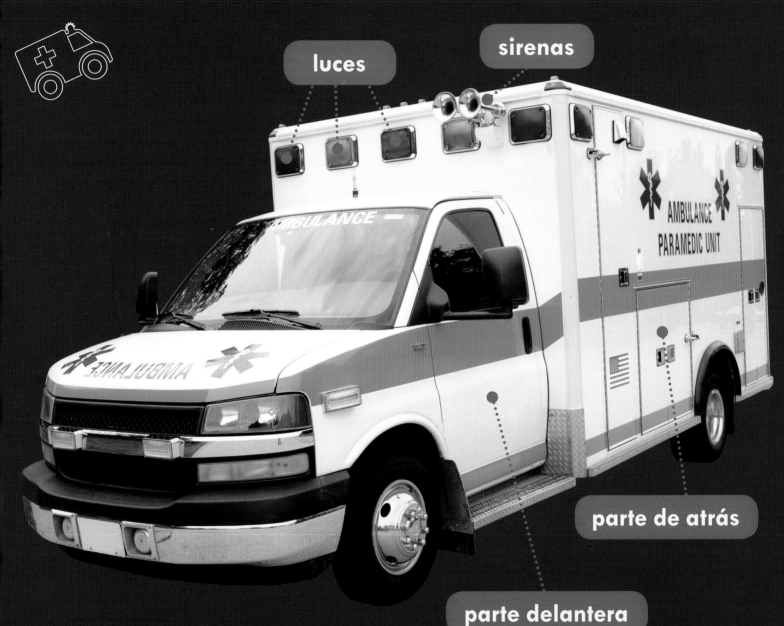

luces

sirenas

parte de atrás

parte delantera

# Glosario de las fotografías

**catre**

una cama pequeña que puede ser movida

**luces**

partes de una ambulancia que dan luz y se parpadean

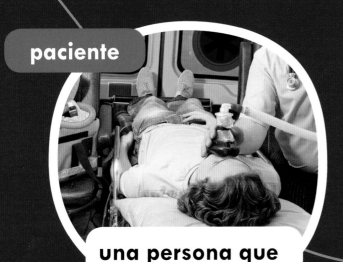

**paciente**

una persona que está lastimada

**técnicos de emergencias médicas**

gente que está entrenada para ayudar a la gente lastimada

23

# Índice

# Leer más

Graubart, Norman D. *Ambulances*. New York: PowerKids Press, 2015.

Hamilton Waxman, Laura. *Ambulances on the Move*. Minneapolis: Lerner
  Publications, 2011.

Riggs, Kate. *To the Rescue!* Mankato, MN: Creative Editions, 2015.

## Crédito fotográfico